MW00912936

NordSüd/bi:libri-Ausgabe
© 2016 NordSüd Verlag AG, Heinrichstrasse 249, CH-8005 Zürich
Originalausgabe © 2008 NordSüd Verlag
Alle Rechte, auch die der Bearbeitung oder auszugsweisen
Vervielfältigung, gleich durch welche Medien, vorbehalten.
Herausgegeben in Kooperation mit Edition bi:libri, München.
Übersetzung ins Englische: Dr. Kristy Clark Koth
© 2016 Edition bi:libri, München
Lithografie: Photolitho AG, Gossau Zürich
Druck und Bindung: Livonia Print, Riga, Lettland
ISBN 978-3-19-579597-5
1. Auflage 2016
www.nord-sued.com
www.edition-bilibri.de
www.hueber.de/bilibri
Bei Fragen, Wünschen oder Anregungen schreiben Sie bitte an: info@nord-sued.com

MIX
Papier aus verantwor-
tungsvollen Quellen
FSC® C002795
FSC
www.fsc.org

Christa Kempter • Frauke Weldin

HeRR Hase und FRau BäR

MR. RaBBiT and MRS. BeaR

Nord Süd   bi:libri

Eines Tages entdeckt Herr Hase ein
verlassenes Haus. Mitten im Wald.
Etwas alt und schief, aber sonst ganz nett.
„Hier ziehe ich ein", freut sich Herr Hase.
Doch bald merkt er, dass das Haus viel zu
groß ist. Für einen Hasen allein. Also nagelt
er ein Schild an den Pfosten vor dem Haus.

One day, Mr. Rabbit discovers an abandoned
house. Right in the middle of the woods.
A bit old and crooked, but otherwise quite
charming. "I think I'll move in here," says Mr.
Rabbit happily. But he soon realizes that the
house is much too big, for one lone rabbit.
And so he nails a sign to the post in front of
the house.

Schöne Wohnung

zu vermieten

1. Stock

Beautiful apartment

for rent

2nd Floor

Schon am nächsten Morgen klopft es heftig an die Tür. Draußen steht Frau Bär.
„Hübsches Häuschen", brummt sie. „Bisschen klein. Könnte mir aber gefallen.
Wäre die Wohnung noch frei, Herr Hase?"
Herr Hase schaut an Frau Bär hoch. „Das schon. Aber wissen Sie, ich habe
eher an einen kleineren Mitbewohner gedacht … an einen Hamster … oder eine
Schildkröte."
Frau Bär lacht. „Hamster … Schildkröte … Wie langweilig! Du brauchst lustige
Gesellschaft, Herr Hase. Eine wie mich …"
Herr Hase überlegt. Dann seufzt er: „Meinetwegen Frau Bär, wir können's ja
mal versuchen. Aber dass du mir nicht zu laut die Treppe hinauf- und hinunter-
trampelst. Und alles in Ordnung hältst. Und samstags die Fenster putzt."
„Sonst noch was?", brummt Frau Bär und schon trampelt sie hinauf in den
ersten Stock.

The very next day there is a heavy knock on the door. Mrs. Bear is standing
outside. "Pretty little house," she rumbles. "A bit small. I could learn to like it,
though. Is the apartment still available, Mr. Rabbit?"
Mr. Rabbit looks way up to Mrs. Bear. "Yes, it is. But, you see, I was thinking of
a smaller housemate… a hamster, perhaps,… or a turtle."
Mrs. Bear laughs. "Hamster… turtle… how boring! You need someone who will
be more fun, Mr. Rabbit. Someone like me…"
Mr. Rabbit thinks it over. Then he sighs: "Well, OK, Mrs. Bear, we can give it a try.
But no trampling up and down the stairs. And you must keep everything tidy.
And wash the windows every Saturday."
"Anything else?" asks Mrs. Bear as she tramples up the stairs to the second floor.

Anfangs geht alles recht gut. Doch schon in der zweiten Woche vergisst Frau Bär, die Fenster zu putzen. Wozu auch?, denkt sie. Wenn's regnet, werden sie sowieso wieder nass. Und im Bett ist es so bärig gemütlich …
Frau Bär schläft nämlich gerne und lange und steht erst gegen Mittag auf. Dann schmiert sie zwei Honigbrötchen, brummt das lustige Lied von den Honigbienen und ruft nach unten: „Zeitung schon gelesen, Herr Hase?"
Wenn Frau Bär mit Zeitunglesen fertig ist und alles ringsum mit Honig bekleckert hat, macht sie ein Mittagsschläfchen …

At first things go quite well. But already by the second week, Mrs. Bear forgets to wash the windows. 'What for?' she thinks. 'When it rains, they'll just get wet again. And it's so cozy in bed…'

Mrs. Bear loves to sleep in, you see, and doesn't get up until almost noon. Then she spreads honey on two bread rolls, hums a cheerful song about the honeybees and calls downstairs: "Done with the newspaper, Mr. Rabbit?" And when Mrs. Bear is done reading the paper and has gotten everything around her sticky with honey, she takes a nap…

Bei Herrn Hase fängt der Tag etwas anders an. Herr Hase hüpft um sechs Uhr morgens aus den Federn. Er knabbert zwei Karotten, kehrt die Küche, räumt die Wohnung auf, wischt Staub, streicht das Bett glatt und gießt die Geranien. Dann setzt er sich in den Sessel und betrachtet zufrieden sein Werk …

Mr. Rabbit's day begins quite differently. He hops out of bed at six o'clock in the morning, munches two carrots, sweeps the kitchen, cleans up the apartment, dusts, smooths out the bedcovers and waters the geranium. Then he sits down in his armchair and contemplates his work with satisfaction…

Jeden Freitag backt Herr Hase eine Karottentorte. Frau Bär steckt ihre Nase in die Luft und schnuppert. „Wie das duftet …" Ohne anzuklopfen, tappt sie in Herrn Hases Küche. „Lass mich mal probieren, Herr Hase."
„Jeden Freitag das Gleiche, Frau Bär", schimpft Herr Hase. „Wie wäre es, wenn du selbst mal einen Kuchen backen würdest?"
„Ist nicht nett von dir, Herr Hase", brummt Frau Bär. „Willst mich wohl verhungern lassen?"

Every Friday Mr. Rabbit bakes a carrot cake. Mrs. Bear sticks her nose in the air and sniffs. "What a wonderful smell…" Without knocking, she steps into Mr. Rabbit's kitchen. "Let me have a taste, Mr. Rabbit."
"It's the same thing every Friday, Mrs. Bear," scolds Mr. Rabbit. "Why don't you bake a cake yourself for a change?"
"Well, that's not very nice of you, Mr. Rabbit," says Mrs. Bear. "You don't want me to starve, do you?"

So kann das nicht weitergehen!, denkt Herr Hase abends in seinem Bett. Immer will sie etwas von mir, tut selbst aber nichts. Trampelt herum, dass mir die Ohren wehtun, krümelt alles voll, und ihre Fenster sind so dreckig, dass man überhaupt nicht mehr hindurchsieht. Vor Ärger kann Herr Hase kaum noch schlafen. Die Karotten schmecken ihm nicht mehr und er wird immer dünner.
„Ist was, Herr Hase?", fragt Frau Bär eines Tages. „Bist du krank?"
„Nein!", sagt Herr Hase und knirscht mit den Zähnen.
„Immer schön locker bleiben", sagt Frau Bär und legt sich unter den Apfelbaum.
„Ich muss sie loswerden", beschließt Herr Hase.

'This can't go on!' thinks Mr. Rabbit that evening in bed. 'She always wants something from me, but doesn't ever do anything herself. She stomps around until my ears hurt, she leaves crumbs all over the place, and her windows are so dirty that you can't even see through them.' Mr. Rabbit is so upset that he can hardly sleep. Even carrots don't taste good anymore and he's getting thinner and thinner.
"Is everything OK, Mr. Rabbit?" Mrs. Bear asks one day. "Are you sick?"
"No!" says Mr. Rabbit and he grits his teeth.
"Relax and take it easy," says Mrs. Bear and she lies down under the apple tree.
'I've got to get rid of her,' Mr. Rabbit decides.

Und dann kommt alles noch schlimmer. Eines Abends hört Herr Hase ein fürchterliches Getrampel auf der Treppe. Er öffnet die Tür einen kleinen Spalt und späht hinaus: Lauter Bärentatzen stampfen die Treppe hoch. „Nicht noch mehr Bären!", stöhnt Herr Hase. Das hält kein Hase aus! Es dauert nicht lange und Musik dröhnt durchs ganze Haus. Wütend rennt Herr Hase hinauf in Frau Bärs Wohnung. Das ganze Wohnzimmer ist voller Bären. Zwei spielen Akkordeon, zwei kratzen auf der Geige und einer bläst Trompete. Und in der Mitte tanzt ausgelassen Frau Bär.

And then everything gets even worse. One evening Mr. Rabbit hears a terrible trampling on the stairs. He opens the door a crack and peers out: lots of bear paws are stomping up the stairs. "More bears!" groans Mr. Rabbit. "No rabbit can tolerate this!" Within minutes, music blasts through the entire house. Furious, Mr. Rabbit runs up to Mrs. Bear's apartment. The whole living room is full of bears. Two are playing the accordion, two are scratching away at the violin and one is blowing a trumpet. And in the middle is Mrs. Bear, dancing wildly.

*„Ist echt toll, dass du kommst, Herr Hase!", ruft sie. „Hopp, wir tanzen!"
Ehe Herr Hase etwas sagen kann, wirbelt Frau Bär ihn herum. Dann
machen sie eine kleine Pause und Frau Bär schmiert viele, viele
Honigbrötchen. „Das sind meine Brüder!", sagt sie zu Herrn Hase. Die
Bärenbrüder grinsen mit vollen Backen und reichen Herrn Hase ihre
klebrigen Tatzen. Und weiter geht's
mit Musik, Tanz und
Honigbrötchen.
Herr Hase darf
keinen Tanz
auslassen.
Irgendwann kann
er kaum noch stehen
und vor Müdigkeit fallen ihm die Augen zu.*

"I'm so glad you've come, Mr. Rabbit!" she calls out. "Come on, let's dance!" Before Mr. Rabbit
can say a word, Mrs. Bear twirls him through the air. Then they take a short break and Mrs. Bear
spreads honey on lots and lots of bread rolls. "Meet my brothers!" she says to Mr. Rabbit. With
their cheeks full, the bear brothers smile and stretch out their sticky paws to Mr. Rabbit. And then
the party continues with music, dancing and honey rolls. Mr. Rabbit never gets a break. He dances
until he can hardly stand and he's so tired that he can't keep his eyes open.

„Armer Herr Hase", brummt Frau Bär. „War wohl zu viel für ihn." Ruckzuck nimmt sie ihn auf den Arm und trägt ihn nach unten in sein Bett. „Ist ja schrecklich ungemütlich hier!", staunt Frau Bär und holt zwei Kuschelkissen aus ihrer Wohnung. So gut hat sich Herr Hase schon lange nicht mehr gefühlt. Er gräbt sich tief in die Kissen. Wie schön warm und mollig sie sind, und ein bisschen riechen sie wie Frau Bär. Komisch, denkt Herr Hase. Trotz der Unordnung war es bei Frau Bär richtig gemütlich. Und wie lange hatte er schon nicht mehr getanzt! Und dann schläft er müde und glücklich ein.

"Poor Mr. Rabbit," says Mrs. Bear. "It was a little too much for him." She snatches him up in her arms and carries him downstairs to his bed. "It's so terribly uncomfortable in here!" Mrs. Bear says, amazed, and she brings two fluffy pillows from her apartment. Mr. Rabbit hasn't felt this good in a long time. He burrows deep into the pillows. They are so warm and soft, and they smell a little bit like Mrs. Bear. 'Strange,' thinks Mr. Rabbit. 'It was actually really cozy at Mrs. Bear's, despite the untidiness.' And so long, since he last danced! And then he falls asleep, exhausted and happy.

Am nächsten Morgen steht Herr Hase früh auf, setzt sich an den Küchentisch und schreibt einen Brief:

**Liebe Frau Bär,
die Musik gestern war schrecklich laut.
Aber das Tanzen mit dir war gar nicht so übel.
Du darfst deine Brüder auch wieder mal einladen.
Aber nur, wenn sie sich ihre klebrigen Tatzen waschen.**

Schöne Grüße: Herr Hase

PS: Dürfte ich die Kuschelkissen behalten?

The next day, Mr. Rabbit gets up early, sits down at the kitchen table and writes a letter:

**Dear Mrs. Bear,
The music was terribly loud yesterday.
But dancing with you wasn't half bad.
You may invite your brothers again some time.
But only if they wash their sticky paws.**

Best regards, Mr. Rabbit

P.S. May I keep the fluffy pillows?

Am Abend klopft Herr Hase an Frau Bärs Tür. „Ich habe gedacht, ich helfe dir beim Aufräumen, nach so einem großen Fest …", sagt er zaghaft. „Zu zweit geht's leichter." „Aber bloß nicht zu viel arbeiten! Immer schön locker bleiben", sagt Frau Bär und grinst. „Und was hältst du davon, die Fenster zu putzen, Frau Bär?", meint Herr Hase eifrig. „Du kannst ja gar nicht mehr hindurchschauen."

In the evening, Mr. Rabbit knocks on Mrs. Bear's door. "I thought maybe you could use some help cleaning up, after such a big party…," he suggests carefully. "Together it'll be easier."
"Oh, don't work so hard! Relax and take it easy," says Mrs. Bear and smiles.
"Well, how about just cleaning the windows, Mrs. Bear?" Mr. Rabbit eagerly adds.
"You can't even see through them anymore."

Frau Bär brummt, schnauft und wischt mit ihren großen Tatzen die Fenster.
Plötzlich ruft sie begeistert: „Ist ja irre, Herr Hase! Ich kann den Mond wieder sehen!
Und die Sterne! Und da, die Fledermaus! Und drüben auf der Tanne, ist das nicht
Frau Eule? Ist ja schrecklich aufregend!"
Herr Hase und Frau Bär stehen hinter der frisch geputzten Fensterscheibe und
schauen den Mond und die Sterne an. Plötzlich sagt Frau Bär: „Hätte jetzt bärige
Lust auf Honigbrötchen. Du auch, Herr Hase? Und hinterher ein nettes Tänzchen."
„Wenn's sein muss, Frau Bär", sagt Herr Hase und kratzt sich hinterm Ohr.

Mrs. Bear huffs and puffs and washes the windows with her huge paws. Suddenly
she cries out in joy, "How about that, Mr. Rabbit! I can see the moon again!
And the stars! And look, a bat! And over there on the pine tree –
isn't that Mrs. Owl? How exciting!"
Mr. Rabbit and Mrs. Bear stand behind the freshly cleaned windowpane
and look at the moon and the stars. Suddenly Mrs. Bear says: "Boy, I'd sure love some
honey rolls right now. You, too, Mr. Rabbit? And maybe a little dance afterwards."
"If you insist, Mrs. Bear," says Mr. Rabbit and he scratches the back of his ear.